My First French Words

to See and Learn

Illustrated by David Melling
Compiled by Neil Morris

PASSPORT BOOKS
NTC/Contemporary Publishing Group

For Bosiljka, Branko and Igor Sunajko.

D.M.

Library of Congress Cataloging-in-Publication Data
is available from the United States Library of Congress.

Printed in Italy

This French-English Edition of *My First Book of Words* originally published in English in 1999 is published by arrangement with Oxford University Press.

This edition published 1999 by Passport Books
A division of NTC/Contemporary Publishing Group, Inc.
4255 West Touhy Avenue, Lincolnwood (Chicago), Illinois 60646-1975 U.S.A.
Text copyright © 1999 by Neil Morris
Illustrations copyright © 1999 by David Melling
International Standard Book Number: 0-8442-2406-5

16   15   14   13   12   11   10   9   8   7   6   5   4   3   2   1

Contents

Look at Me!

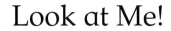

chest
la poitrine

leg
la jambe

foot
le pied

toe
**le doigt
de pied**

elbow
le coude

back
le dos

bottom
les fesses

finger
le doigt

tummy
le ventre

knee
le genou

hand
la main

hair
les cheveux

arm
le bras

head
la tête

shoulders
les épaules

face **la figure**

cheek **la joue**

ear **l'oreille**

eye **l'œil**

chin **le menton**

mouth **la bouche**

teeth **les dents**

tongue **la langue**

neck **le cou**

nose **le nez**

girl **la fille**

boy **le garçon**

Our House

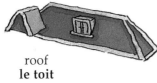

roof
le toit

trash can
la poubelle

gate
le portail

stairs
l'escalier

chimney
la cheminée

fence
la barrière

garage
le garage

window
la fenêtre

door
la porte

dog
le chien

cat
le chat

rabbit
le lapin

spider
l'araignée

snail
l'escargot

letters
les lettres

mailbag
le sac postale

leaf
la feuille

flower
la fleur

tree
l'arbre

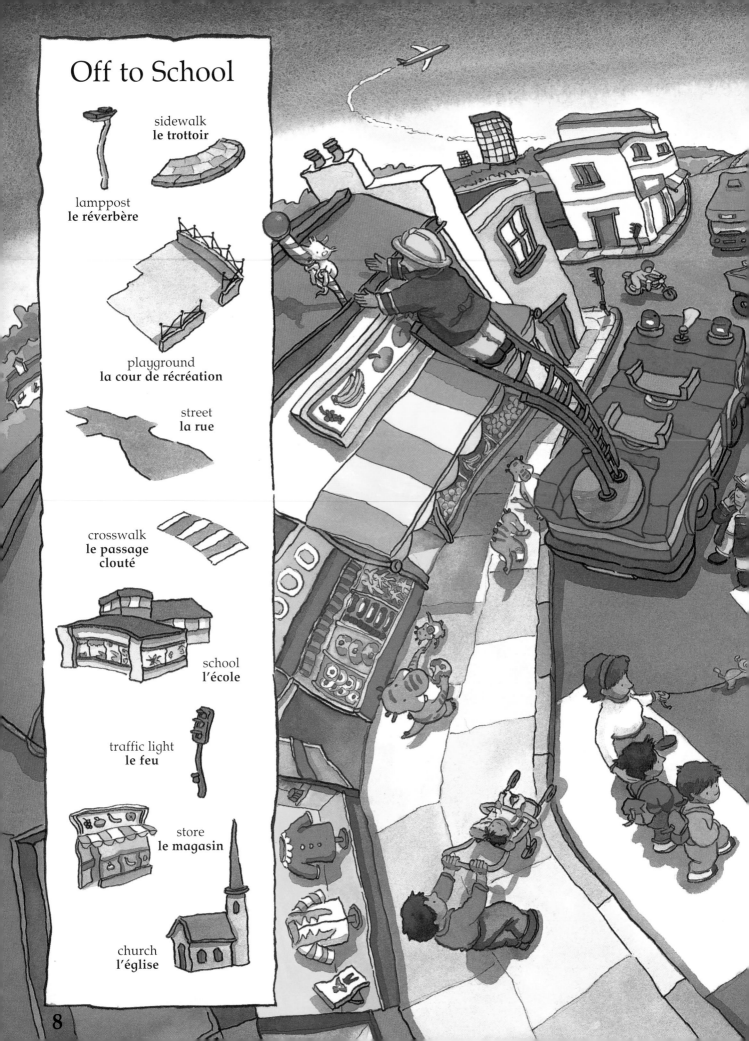

Off to School

sidewalk
le trottoir

lamppost
le réverbère

playground
la cour de récréation

street
la rue

crosswalk
le passage clouté

school
l'école

traffic light
le feu

store
le magasin

church
l'église

8

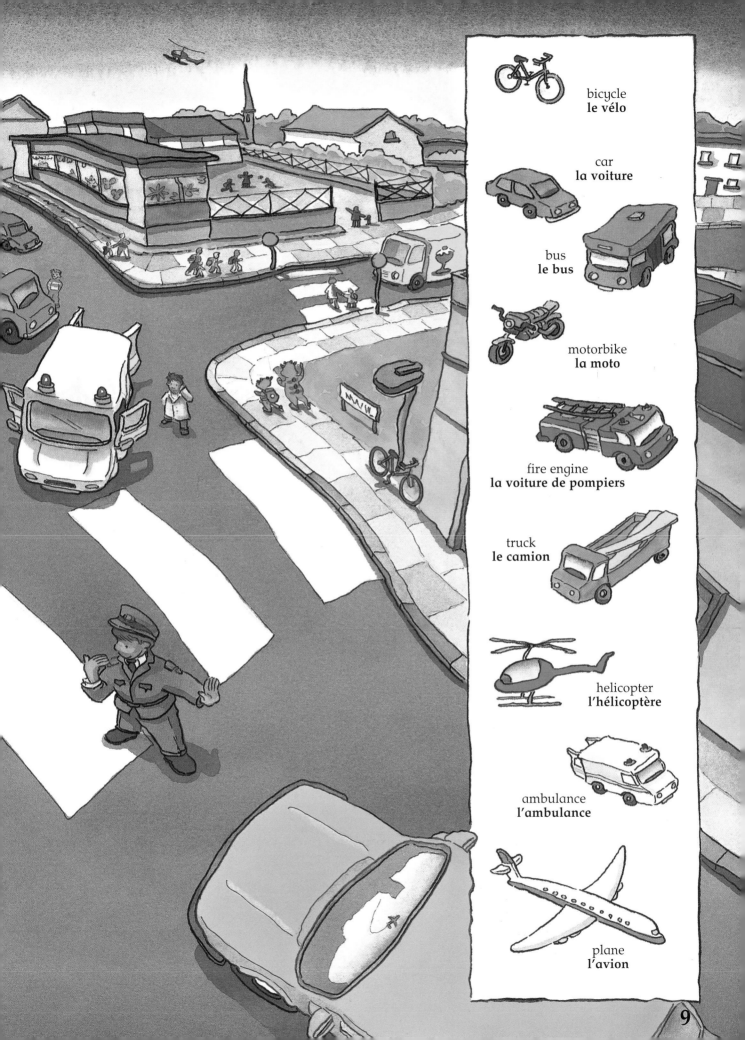

bicycle
le vélo

car
la voiture

bus
le bus

motorbike
la moto

fire engine
la voiture de pompiers

truck
le camion

helicopter
l'hélicoptère

ambulance
l'ambulance

plane
l'avion

9

Our Classroom

backpack
le sac à dos

book
le livre

lunch box
la boîte à déjeuner

chalkboard
le tableau

chalk
la craie

globe
le globe

desk
le bureau

magnet
l'aimant

wastebasket
la corbeille

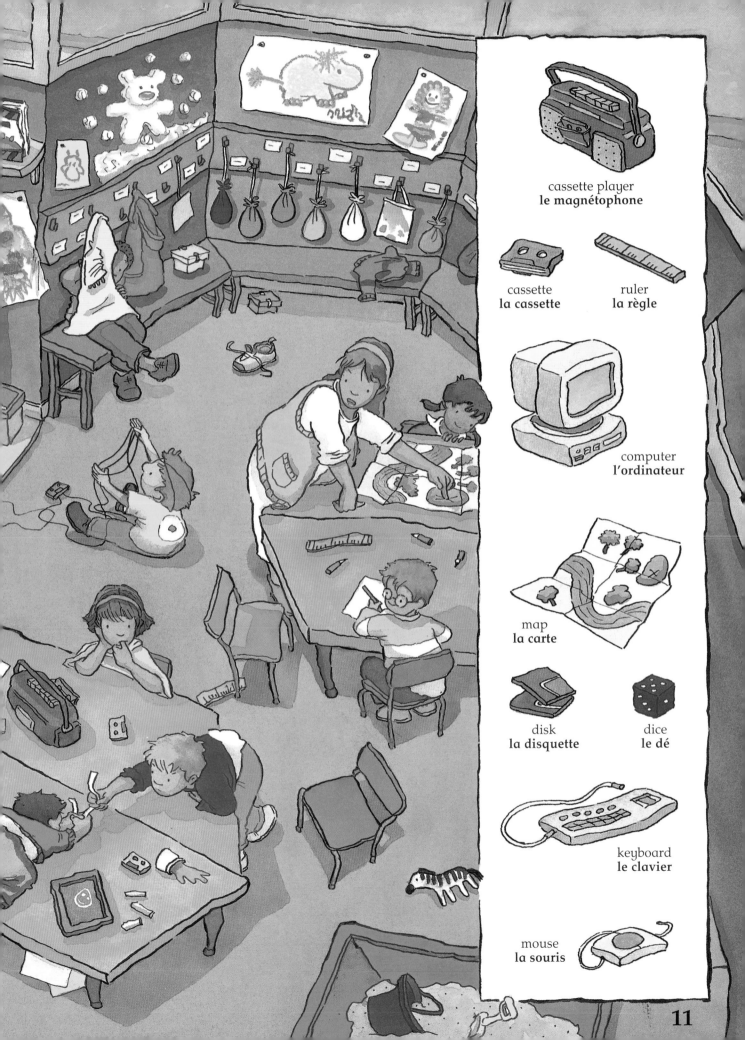

cassette player
le magnétophone

cassette
la cassette

ruler
la règle

computer
l'ordinateur

map
la carte

disk
la disquette

dice
le dé

keyboard
le clavier

mouse
la souris

Color Fun

black
noir

blue
bleu

brown
marron

green
vert

gray
gris

orange
orange

pink
rose

purple
violet

red
rouge

white
blanc

yellow
jaune

smock **la blouse**

glue **la colle**

painting **la peinture**

paintbrush **le pinceau**

paints **les couleurs**

pencil **le crayon**

paper **le papier**

scissors **les ciseaux**

marker **le feutre**

easel **le chevalet**

13

When I Grow Up

mailman
le facteur

carpenter
le charpentier

doctor
le médecin

police officer
l'agent de police

vet
le vétérinaire

athlete
l'athlète

fire fighter
le pompier

bus driver
le chauffeur de bus

engineer
le mécanicien

pop star
la pop star

pilot
le pilote

dancer
la danseuse

diver
le plongeur

cook
le cuisinier

astronaut
l'astronaute

lifeguard
le sauveteur

15

A Long Time Ago

Dinosaurs
Les dinosaures

Tyrannosaurus Rex
le tyrannosaure

Stegosaurus
le stégosaure

Diplodocus
le diplodocus

Triceratops skeleton
le squelette d'un tricératops

fossil
le fossile

bone
l'os

Stone Age Man
L'homme des cavernes

cave
la caverne

flint
le silex

cave painting
la peinture rupestre

fire
le feu

Ancient Egyptians
Les Egyptiens dans L'Antiquité

pyramid
la pyramide

sphinx
la sphinx

Pharoah
le Pharaon

Ancient Romans
Les Romains dans L'Antiquité

pottery
la poterie

coins
la monnaie

soldier
le soldat

Busy Shopping

shopping cart
le chariot

basket
le panier

cash register
la caisse

bread
le pain

bun
le petit pain

jam
la confiture

cereal
les céréales

potatoes
les pommes de terre

sausages
les saucisses

spaghetti
les spaghetti

milk
le lait

yogurt
le yaourt

cheese
le fromage

eggs
les œufs

apple
la pomme

banana
la banane

orange
l'orange

tomato
la tomate

carrot
la carotte

lettuce
la salade

Monster Lunch

stove **la cuisinière**

refrigerator **le frigo**

washing machine **la machine à laver**

saucepan **la casserole**

iron **le fer**

cup **la tasse**

bowl **le bol**

knife **le couteau**

fork **la fourchette**

kettle **la bouilloire**

plate **l'assiette**

20

spoon
la cuillère

saucer
la soucoupe

chair
la chaise

teapot
la théière

cushion
le coussin

sofa
le canapé

stereo
la chaîne stéréo

table
la table

television
la télé

VCR
le magnétoscope

vacuum cleaner
l'aspirateur

21

Time to Play

dollhouse
**la maison
de poupée**

doll
la poupée

game
le jeu

race car
la voiture de course

robot
le robot

jigsaw puzzle
le puzzle

teddy bear
le nounours

train set
le train électrique

drum
le tambour

guitar
la guitare

keyboard
le clavier

microphone
le micro

trumpet
la trompette

recorder
la flûte à bec

cymbals
les cymbales

bells
les grelots

tambourine
le tambourin

23

On the Farm

horse
le cheval

chicken
la poule

rooster
le coq

duck
le canard

goose
l'oie

sheep
le mouton

goat
la chèvre

pig
le cochon

cow
la vache

tractor
le tracteur

stream
le ruisseau

bridge
le pont

field
le champ

forest
la forêt

hay
le foin

hill
la colline

scarecrow
l'épouvantail

25

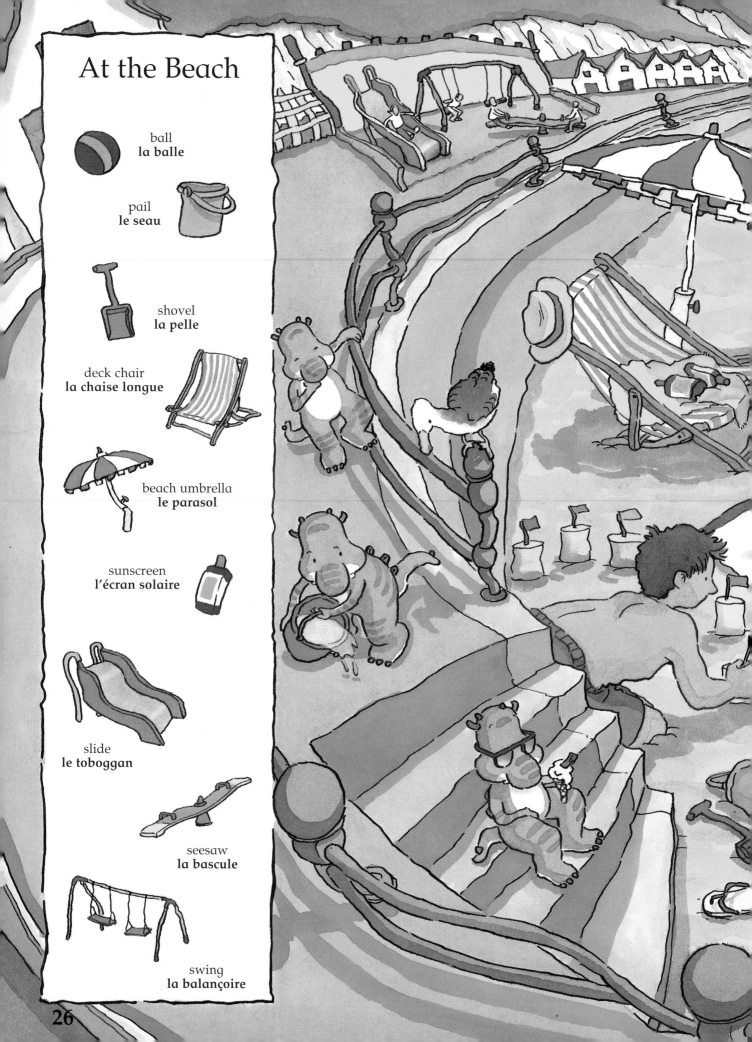

At the Beach

ball
la balle

pail
le seau

shovel
la pelle

deck chair
la chaise longue

beach umbrella
le parasol

sunscreen
l'écran solaire

slide
le toboggan

seesaw
la bascule

swing
la balançoire

26

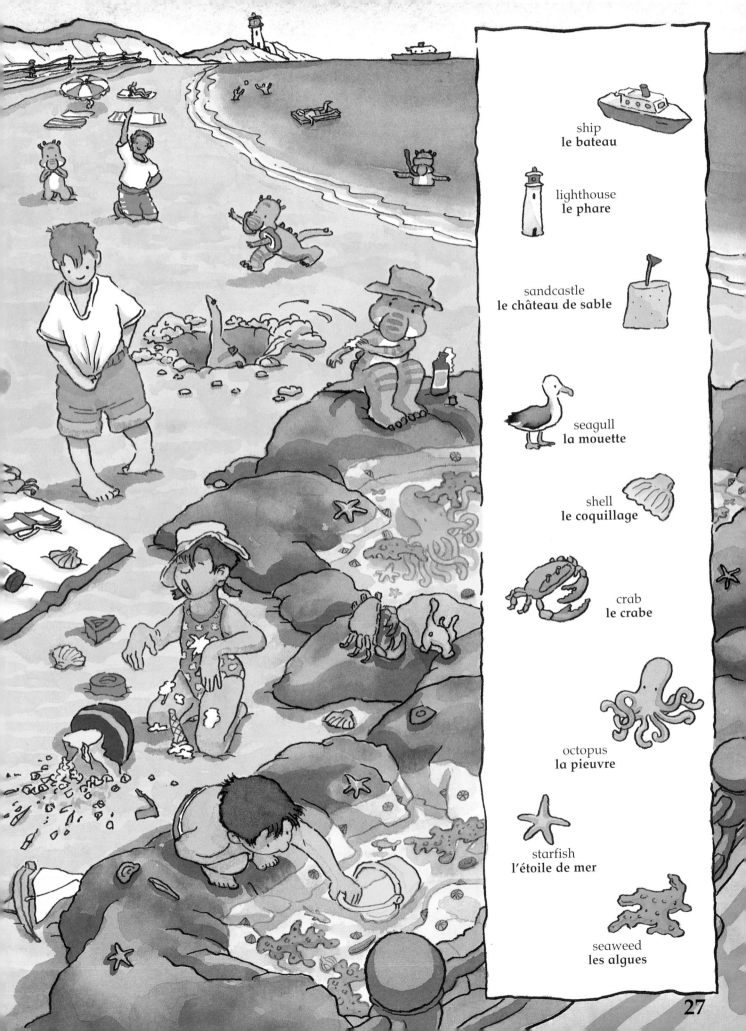

ship
le bateau

lighthouse
le phare

sandcastle
le château de sable

seagull
la mouette

shell
le coquillage

crab
le crabe

octopus
la pieuvre

starfish
l'étoile de mer

seaweed
les algues

Birthday Party

birthday card
la carte d'anniversaire

candle
la bougie

balloon
le ballon

gift
le cadeau

streamer
le serpentin

noisemaker
la langue de belle-mère

party hat
le chapeau de fête

wand
la baguette magique

magician
le magicien

candy
les bonbons

sandwich
le sandwich

pizza
la pizza

ice cream
la glace

chocolate
le chocolat

cookie
le biscuit

straw
la paille

drink
la boisson

cake
le gâteau

29

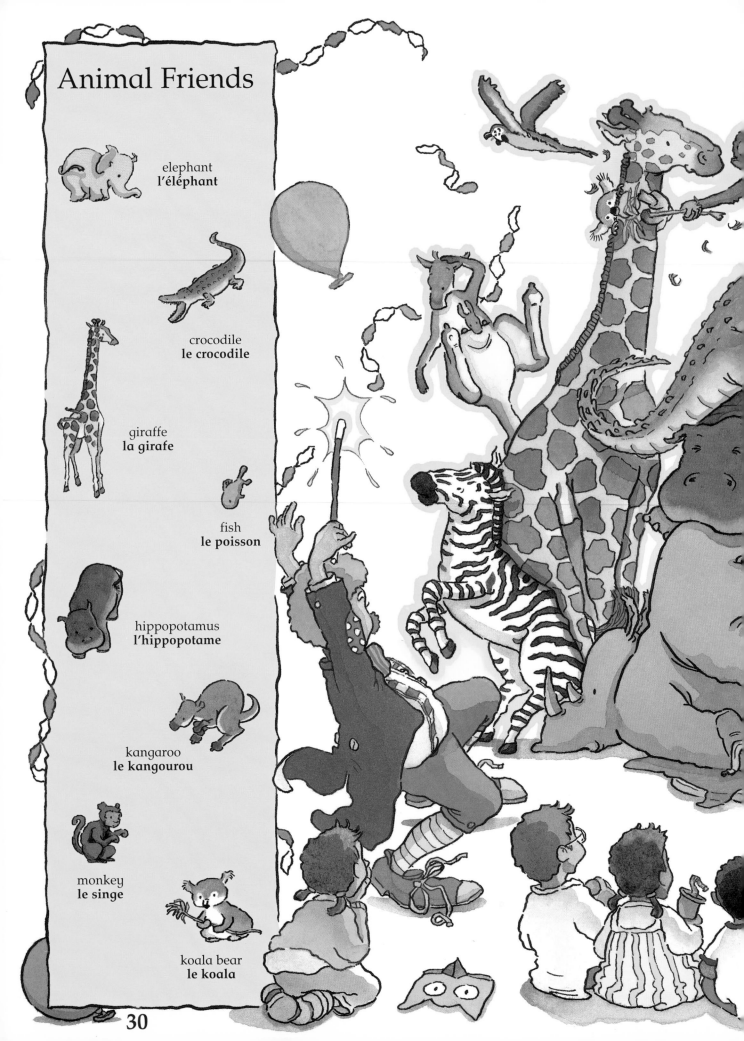

Animal Friends

elephant
l'éléphant

crocodile
le crocodile

giraffe
la girafe

fish
le poisson

hippopotamus
l'hippopotame

kangaroo
le kangourou

monkey
le singe

koala bear
le koala

30

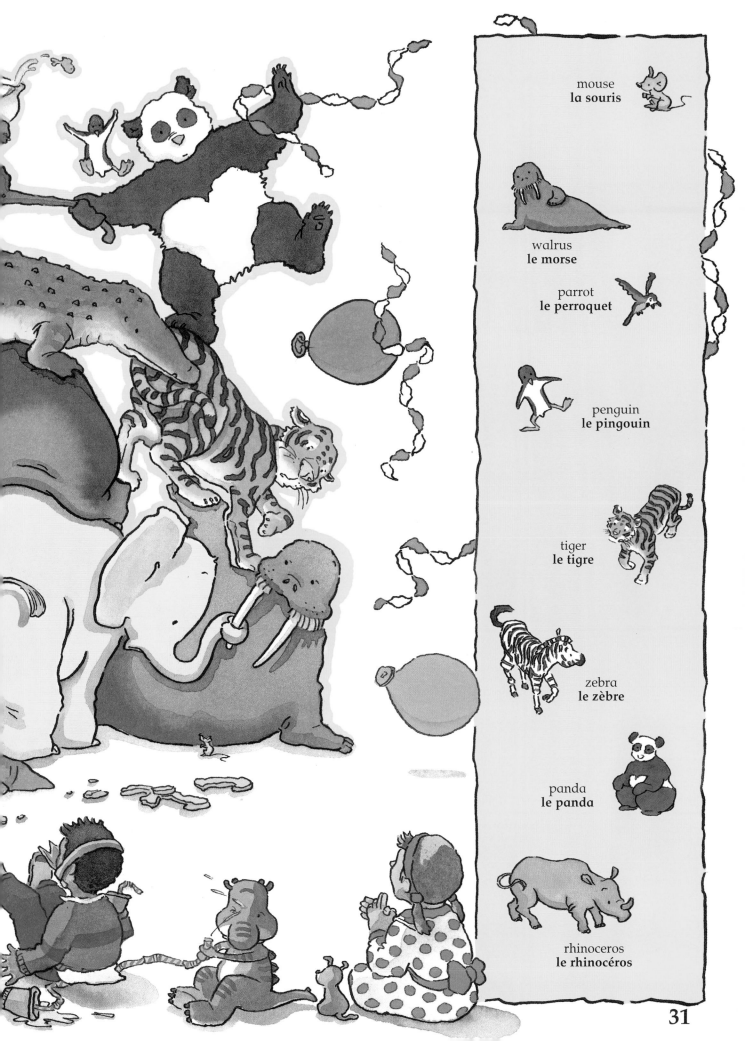

mouse
la souris

walrus
le morse

parrot
le perroquet

penguin
le pingouin

tiger
le tigre

zebra
le zèbre

panda
le panda

rhinoceros
le rhinocéros

31

In the Bath

dress
la robe

jacket
le blouson

sweater
le pull

shorts
le short

underpants
le slip

shirt
la chemise

shoes
les chaussures

skirt
la jupe

socks
les chaussettes

pants
le pantalon

T-shirt
le T-shirt

sink
le lavabo

bathtub
la baignoire

washcloth
le gant de toilette

mirror
le miroir

shower
la douche

soap
le savon

sponge
l'éponge

toilet
les toilettes

toilet paper
le papier hygiénique

toothbrush
la brosse à dents

toothpaste
le dentifrice

towel
la serviette de bain

Time for Bed

curtains
les rideaux

wardrobe
l'armoire

lamp
la lampe

nightstand
la table de chevet

pajamas
le pyjama

nightgown
la chemise de nuit

pillow
l'oreiller

bed
le lit

blanket
la couverture

dresser
la commode

storybook
le livre de contes

castle
le château

king
le roi

queen
la reine

genie
le génie

magic lamp
la lampe magique

dragon
le dragon

giant
le géant

My ABCs

A a	ant	**la fourmi**
B b	bell	**la cloche**
C c	caterpillar	**la chenille**
D d	dog	**le chien**
E e	egg	**l'œuf**
F f	fish	**le poisson**
G g	goat	**la chèvre**
H h	helicopter	**l'hélicoptère**
I i	ink	**l'encre**
J j	juggler	**le jongleur**
K k	king	**le roi**
L l	ladybug	**la coccinelle**
M m	mouse	**la souris**

N n	nail	**le clou**
O o	octopus.	**la pieuvre**
P p	puppet	**la marionnette**
Q q	queen	**la reine**
R r	ring	**la bague**
S s	socks	**les chaussettes**
T t	tiger	**le tigre**
U u	umbrella	**le parapluie**
V v	van	**le monospace**
W w	watch	**la montre**
X x	X ray	**la radiographie**
Y y	yacht	**le yacht**
Z z	zebra	**le zèbre**

Count 123

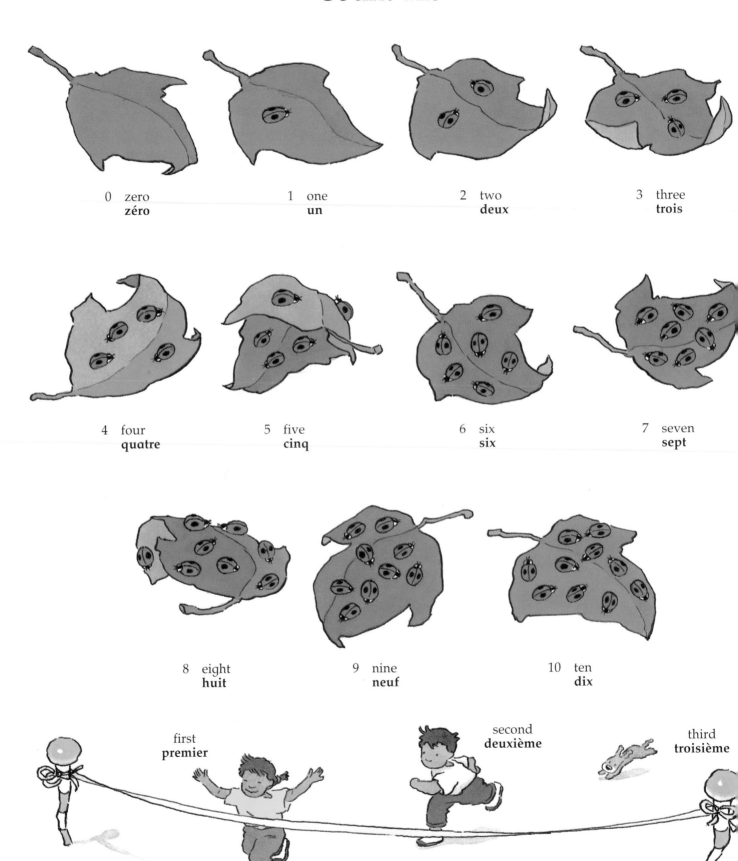

0   zero
     zéro

1   one
     un

2   two
     deux

3   three
     trois

4   four
     quatre

5   five
     cinq

6   six
     six

7   seven
     sept

8   eight
     huit

9   nine
     neuf

10   ten
     dix

first
premier

second
deuxième

third
troisième

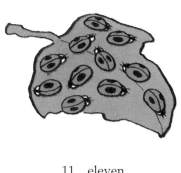

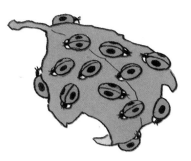

11   eleven
onze

12   twelve
douze

13   thirteen
treize

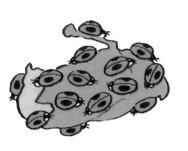

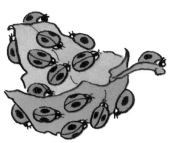

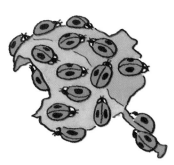

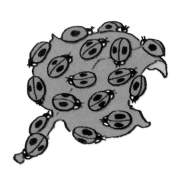

14   fourteen
quatorze

15   fifteen
quinze

16   sixteen
seize

17   seventeen
dix-sept

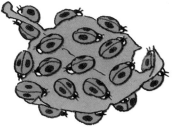

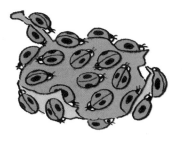

18   eighteen
dix-huit

19   nineteen
dix-neuf

20   twenty
vingt

fourth
quatrième

fifth
cinquième

last
dernier

39

Shapes

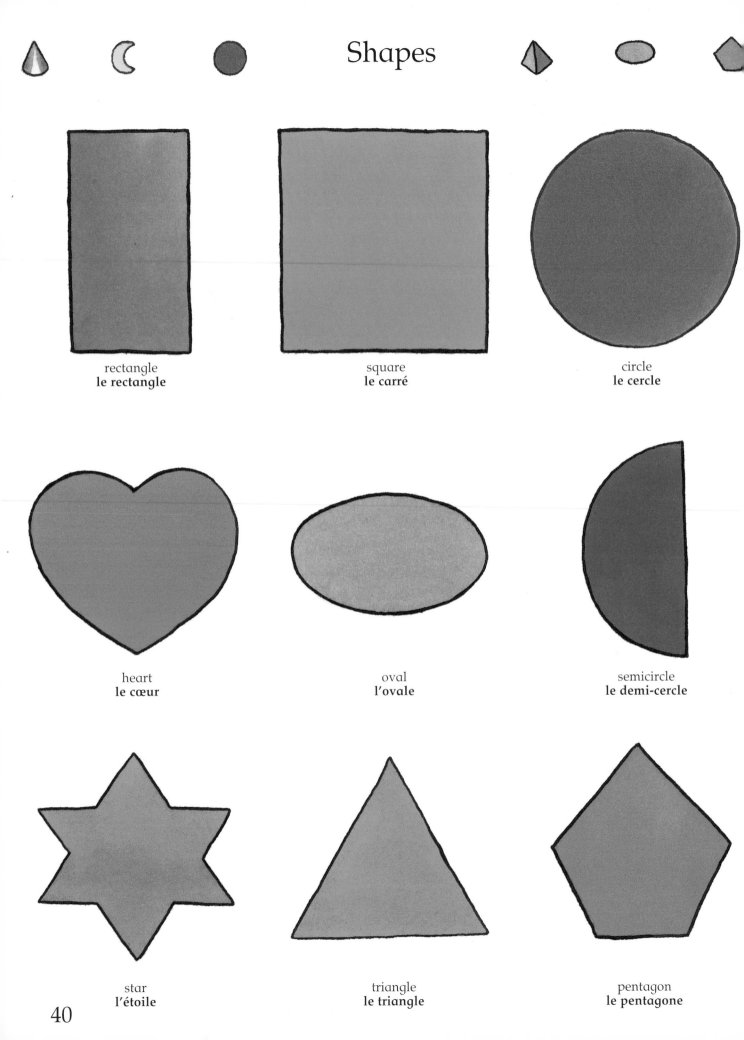

rectangle
le rectangle

square
le carré

circle
le cercle

heart
le cœur

oval
l'ovale

semicircle
le demi-cercle

star
l'étoile

triangle
le triangle

pentagon
le pentagone

40

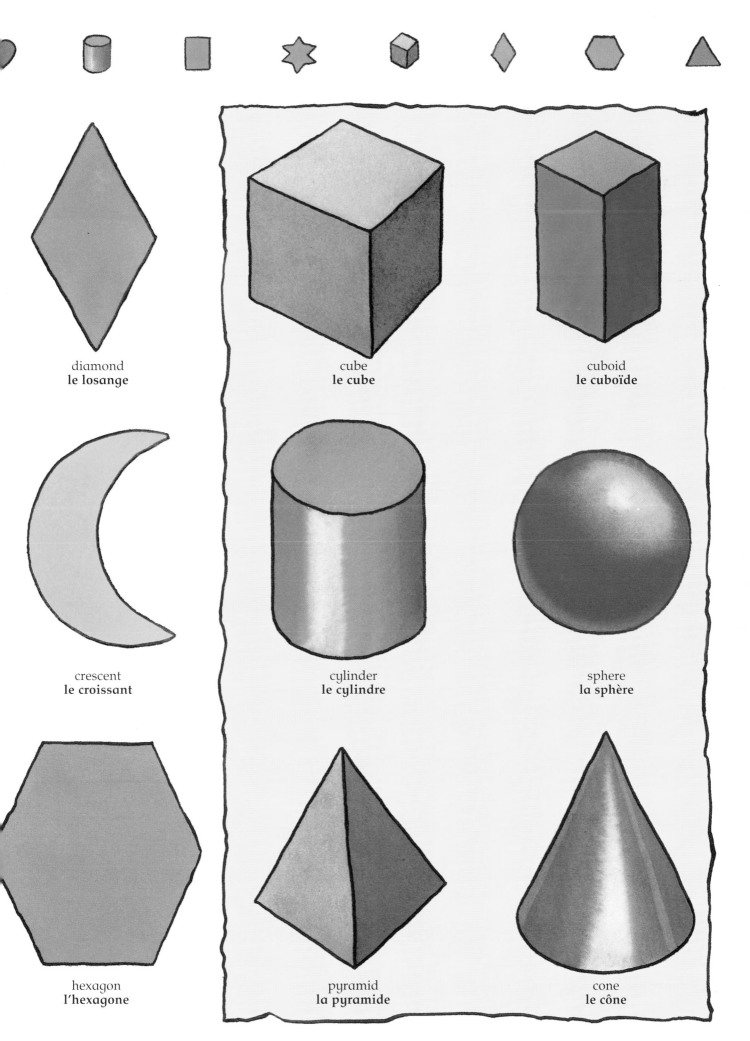

diamond
le losange

cube
le cube

cuboid
le cuboïde

crescent
le croissant

cylinder
le cylindre

sphere
la sphère

hexagon
l'hexagone

pyramid
la pyramide

cone
le cône

Opposites

big/small
grand/petit

clean/dirty
propre/sale

fat/thin
gros/mince

full/empty
plein/vide

high/low
haut/bas

hot/cold
chaud/froid

new/old
neuf/vieux

open/closed
ouvert/fermé

dark/light
sombre/clair

fast/slow
rapide/lent

happy/sad
heureux/triste

heavy/light
lourd/léger

long/short
long/court

more/less
plus/moins

same/different
pareil/différent

wet/dry
mouillé/sec

43

cloud
le nuage

sun
le soleil

rain
la pluie

snow
la neige

wind
le vent

fog
le brouillard

8am
huit heures du matin

10am
dix heures du matin

12 noon
midi

2pm
deux heures de l'après-midi

4pm
quatre heures de l'après-midi

6pm
six heurs du soir

45

English-French Index

(m) = masculine noun   (f) = feminine noun

46

flint	le silex	17
flower	la fleur	7
fog	le brouillard	44
foot	le pied	4
forest	la forêt	25
fork	la fourchette	20
fossil	le fossile	16
four	quatre	38
fourteen	quatorze	39
fourth	quatrième	39
full	plein	42
game	le jeu	22
garage	le garage	6
gate	le portail	6
genie	le génie	35
giant	le géant	35
gift	le cadeau	28
giraffe	la girafe	30
girl	la fille	5
globe	le globe	10
glue	la colle	13
goat	la chèvre	24, 36
goose	l'oie (f)	24
gray	gris	12
green	vert	12
guitar	la guitare	23
hair	les cheveux (m)	4
hand	la main	4
happy	heureux	43
hay	le foin	25
head	la tête	4
heart	le cœur	40
heavy	lourd	43
helicopter	l'hélicoptère (m)	9, 36
hexagon	l'hexagone (m)	41
high	haut	42
hill	la colline	25
hippopotamus	l'hippopotame (m)	30
horse	le cheval	24
hot	chaud	42
house	la maison	6–7
ice cream	la glace	29
ink	l'encre (f)	36
iron	le fer	20
jacket	le blouson	32
jam	la confiture	18
jigsaw puzzle	le puzzle	22
juggler	le jongleur	36
kangaroo	le kangourou	30
kettle	la bouilloire	20
keyboard (PC)	le clavier	11
keyboard (music)	le clavier	23
king	le roi	35, 36
knee	le genou	4
knife	le couteau	20
koala bear	le koala	30
ladybug	la coccinelle	36
lamp	la lampe	34
lamppost	le réverbère	8
last	dernier	39
leaf	la feuille	7
leg	la jambe	4
less	moins	43
letters	les lettres (f)	7
lettuce	la salade	19
lifeguard	le sauveteur	15
light (bright)	clair	43
light (weight)	léger	43
lighthouse	le phare	27
long	long	43
low	bas	42
lunch	le déjeuner	20–21
lunch box	la boîte à déjeuner	10
magic lamp	la lampe magique	35
magician	le magicien	28
magnet	l'aimant (m)	10
mailbag	le sac postale	7
mailman	le facteur	14
map	la carte	11
marker	le feutre	13
microphone	le micro	23
milk	le lait	19
mirror	le miroir	33
monkey	le singe	30
more	plus	43
motorbike	la moto	9
mouse (PC)	la souris	11
mouse (animal)	la souris	31, 36
mouth	la bouche	5
nail	le clou	37
neck	le cou	5
new	neuf	42
nightgown	la chemise de nuit	34
nightstand	la table de chevet	34
nine	neuf	38
nineteen	dix-neuf	39
noisemaker	la langue de belle-mère	28
nose	le nez	5
numbers	les numéros (m)	38–39
octopus	la pieuvre	27, 37
old	vieux	42
one	un	38
open	ouvert	42
opposites	les contraires (m)	42–43
orange (color)	orange	12
orange (fruit)	l'orange (f)	19
oval	l'ovale (m)	40
pail	le seau	26
paintbrush	le pinceau	13
painting	la peinture	13
paints	les couleurs (f)	13
pajamas	le pyjama	34
panda	le panda	31
pants	le pantalon	32
paper	le papier	13
parrot	le perroquet	31
party hat	le chapeau de fête	28
pencil	le crayon	13
penguin	le pingouin	31
pentagon	le pentagone	40
Pharoah	le Pharaon	17
pig	le cochon	24
pillow	l'oreiller (m)	34
pilot	le pilote	15
pink	rose	12
pizza	la pizza	29
plane	l'avion (m)	9
plate	l'assiette (f)	20
playground	la cour de récréation	8
police officer	l'agent (m/f) de police	14
pop star	la pop star	15
potatoes	les pommes (f) de terre	18
pottery	la poterie	17
puppet	la marionnette	37
purple	violet	12
pyramid (Egypt)	la pyramide	17
pyramid (shape)	la pyramide	41
queen	la reine	35, 37
rabbit	le lapin	7
race car	la voiture de course	22
rain	la pluie	44
recorder	la flûte à bec	23
rectangle	le rectangle	40
red	rouge	12
refrigerator	le frigo	20
rhinoceros	le rhinocéros	31
ring	la bague	37

robot	le robot	22
roof	le toit	6
rooster	le coq	24
ruler	la règle	11
sad	triste	43
same	pareil	43
sandcastle	le château de sable	27
sandwich	le sandwich	29
saucepan	la casserole	20
saucer	la soucoupe	21
sausages	les saucisses (m)	18
scarecrow	l'épouvantail (m)	25
school	l'école (f)	8
scissors	les ciseaux (m)	13
seagull	la mouette	27
seaweed	les algues (f)	27
second	deuxième	38
seesaw	la bascule	26
semicircle	le demi-cercle	40
seven	sept	38
seventeen	dix-sept	39
shapes	les formes (f)	40–41
sheep	le mouton	24
shell	le coquillage	27
ship	le bateau	27
shirt	la chemise	32
shoes	les chaussures (f)	32
shopping	les courses (m)	18–19
shopping cart	le chariot	18
short	court	43
shorts	le short	32
shoulders	les épaules (f)	4
shovel	la pelle	26
shower	la douche	33
sidewalk	le trottoir	8
sink	le lavabo	33
six	six	38
sixteen	seize	39
skeleton	le squelette	16
skirt	la jupe	32
slide	le toboggan	26
slow	lent	43
small	petit	42
smock	la blouse	13
snail	l'escargot (m)	7
snow	la neige	44
soap	le savon	33
socks	les chaussettes (f)	32, 37
sofa	le canapé	21
soldier	le soldat	17
spaghetti	les spaghetti (m)	18
sphere	la sphère	41
sphinx	le sphinx	17
spider	l'araignée (f)	7
sponge	l'éponge (f)	33
spoon	la cuillère	21
square	le carré	40
stairs	l'escalier (m)	6
star	l'étoile (f)	40
starfish	l'étoile (f) de mer	27
Stegosaurus	le stégosaure	16
stereo	la chaîne stéréo	21
stone age man	l'homme (m) des cavernes	17
store	le magasin	8
storybook	le livre de contes	35
stove	la cuisinière	20
straw	la paille	29
stream	le ruisseau	25
streamer	le serpentin	28
street	la rue	8

sun	le soleil	44
sunscreen	l'écran (m) solaire	26
sweater	le pull	32
swing	la balançoire	26
T-shirt	le T-shirt	32
table	la table	21
tambourine	le tambour	23
teapot	la théière	21
teddy bear	le nounours	22
teeth	les dents (f)	5
television	la télé	21
ten	dix	38
thin	mince	42
third	troisième	38
thirteen	treize	39
three	trois	38
tiger	le tigre	31, 37
time	le temps	45
toe	le doigt de pied	4
toilet	les toilettes (f)	33
toilet paper	le papier hygiénique	33
tomato	la tomate	19
tongue	la langue	5
toothbrush	la brosse à dents	33
toothpaste	le dentifrice	33
towel	la serviette de bain	33
tractor	le tracteur	25
traffic light	le feu	8
train set	le train électrique	22
trash can	la poubelle	6
tree	l'arbre (m)	7
triangle	le triangle	40
Triceratops	le tricératops	16
truck	le camion	9
trumpet	la trompette	23
tummy	le ventre	4
twelve	douze	39
twenty	vingt	39
two	deux	38
Tyrannosaurus Rex	le tyrannosaure	16
umbrella	le parapluie	37
underpants	le slip	32
vacuum cleaner	l'aspirateur (m)	21
van	le monospace	37
VCR	le magnétoscope	21
vet	le vétérinaire	14
walrus	le morse	31
wand	la baguette magique	28
wardrobe	l'armoire (f)	34
washcloth	le gant de toilette	33
washing machine	la machine à laver	20
wastebasket	la corbeille	10
watch	la montre	37
weather	le temps	44
wet	mouillé	43
white	blanc	12
window	la fenêtre	6
wind	le vent	44
X ray	la radiographie	37
yacht	le yacht	37
yellow	jaune	12
yogurt	le yaourt	19
zebra	le zèbre	31, 37
zero	zéro	38